Marion Jana Goeritz

Der Südwind
der aus dem Norden kam

Bibliografische Information der Deutschen Nationalbibliothek:

Die Deutsche Nationalbibliothek verzeichnet diese Publikation in der Deutschen Nationalbibliografie; detaillierte bibliografische Daten sind im Internet über http://dnb.dnb.de abrufbar.

Herstellung und Verlag: BoD – Books on Demand, Norderstedt

ISBN: 978-3-7448-8206-4

Herzlich Willkommen liebe Leser,

meine in Gedichtform gefassten Gedanken und Gefühle erzählen vom Südwind, der aus dem Norden kam. Ein Wortspiel, das mir persönlich gefällt.

Was ich damit meinen könnte? Vielleicht erfahren sie es, wenn sie über die eine oder andere Zeile nachdenken möchten.

Beim Lesen wünsche ich ihnen viel Freude.

Herzlichst

Marion Jana Goeritz

Tänzerin der Einsamkeit

du riefst die Nacht

die Gefahr kam wieder

an jedem Abend

locktest du sie in deinen Tanz

in ihren Armen

wurdest du gebogen

dein Herz

ahnte nicht einmal

tief im Inneren

spieltest du ein Lied

doch dieses Mal

war es ein Tanz zu viel

dein Herz

es schrie nach mehr

deine Bewegungen

rhythmisch verspielt

drangen tief in die Gefahr

er tanzte mit dir

bis hin zum Morgen

handzahm liest du dich führen

der Preis egal

Tänzerin der Einsamkeit

du riefst die Nacht an

seine Gefühle

lassen dich frieren

Leise

fielen die Rosenblüten

sanft legten sie sich nieder

auf die kalte Haut der Erde

Verwirrungen entwirrt

so kalt

wird es nie wieder werden

hörte sie leise sagen

schaute auf den Rosenstock

es war ein warmer Sommertag

Rosen erblühten

wie in jedem Jahr

voller Schönheit wieder

halte nichts fest

er ging seiner Wege

doch kam zurück

er war ein anderer geworden

Tief im Seelengrund

verborgen über viele Leben

findet sich ein Licht

es flackerte im Schatten lang

doch die Zeit ist da

wo dieses Licht

auf die Bühne darf

es brennt lichterloh

hell im Scheinwerferlicht

und wärmt an kühlen Tagen

es wandert weg

vom Schatten nun

hin

zu einem glücklicheren Leben

im Licht

Leise Fragen

wurden lauter

als der Wind sich drehte

Seelenmantel aufgeknöpft

in der Seelenmitte hell

ein Liebeslicht

Ein rosa Gedanke

geht auf die Reise

im Frühlingserwachen

rekelt er sich

ganz sacht

übernimmt ein goldiges Herz

den rosa Gedanken

es glaubt an ihn

und spürt es tief in sich hinein

fühlt es

er verzaubert mich

Wo fühlt die Seele sich zu Haus

fühlst du

wen sie tief berührt

Gedanken

kreisen unaufhörlich

Gefühle

erzählen vom alleine sein

Erinnerungen

fliegen in die Ferne

sprich deiner Seele Worte aus

Das Erlebte

längst gehalten

in Kisten schön sortiert

Gesichter

erzählen manchmal noch

Erinnerung

was ist das schon

jetzt

sind wir am Leben

Eine Landschaft

in meiner Seele

Wasser

fließt durch ihr Grün

fühlen darf ich mich nun wieder

weil meine Seele

Liebe fühlt

In seinen Kinderschuhen

läuft er doch so lange schon

seine großen Wünsche

sehnen sich nach Mut

der noch

mit den Ängsten spricht

doch hofft die Welt

er schafft das noch

In einer Zeit

wie dieser

ist alle Liebe laut

sie sendet ihre Boten

in die Welt hinaus

sie fliegen über Meere

über Sand und Flüsse

fliegen über das Grün der Erde

wolkenfrei mit Rückenwind

schweben sie im warmen Wind

fordern auf zum Tanz

am Tag und auch bei Nacht

in einem hellen Lichterglanz

in einer Zeit wie dieser

ist alle Liebe laut

sie sendet ihre Boten

in die Welt hinaus

Unsere Grenze lebt sie noch

wortloser Streifen im Hier

so gern

würde ich sie nieder sehen

und dann ein Blütenmeer

ich würde mich legen

in dieses Bunt

träumen würde ich

und wenn du mich

verstehen kannst

legst du dich neben mich

Alte Kettenglieder rasseln

noch

ist sie mit auf dem Schiff

Liebe

darf so viel ertragen

wann siehst du

endlich dich

Ihre Insel

eine Grüne Oase

ihre Seele

sie fühlt sich da

schwimmt nicht

im Wasser aller Meere

geht nur auf ihrem Seelenpfad

Der weite Blick

übers Meer

der Sand

unter ihren Füßen

ein Windhauch

sie nicht unterkriegt

und Schiffe leise reisen

sehnt sie sich Seelentief

nach ihrer Lebensreise

die nun beginnt

dort am Meer

und nichts

lässt sie mehr zweifeln

Blumen aus Eis

in seinen Augen

welken hinab zu einem Bach

in seinen Augen

ein Leuchten

was gestern

noch nicht möglich schien

ist heute ein wahrer Traum

der sich im Morgen leben lässt

Manchmal

verstanden sie nicht

begaben sich auf die Suche

suchte sie sich

suchte sie nach ihm

suchte er sie

suchte er sich

manchmal

glaubten sie einander

zu verstehen

sie seine Worte

er ihre Schrift

und doch wurde wieder

ein Zweifel geboren

er wollte wohl nicht

sie fühlte

das ein Wort auf Papier

für ihn die Heilung wäre

Die Mauer fiel

Stein um Stein

ein Land

das Neu geboren

Wege

die es zuvor nicht gab

beide fühlten

diese Wärme

dieses Licht

das ihnen heute

vieles bedeutet

Seelenträume

schweben am Himmel

keiner hält sie auf

sie leuchten

in den schönsten Farben

rot gelb lila blau

die Fäden längst verloren

gesucht und auch gefunden

Seelenträume

schweben

um zu leben

Die alten Pfade

im Rücken wissen

mutig

auf Neuen nach vorn

gut gerüstet

für manche Zeiten

was kann dir schon geschehen

Staubbedeckt

die Kleider der Ahnen

manche Wege

fanden sie

andere

blieben verschlossen

auf meinem Weg

singe ich manchmal ein Lied

es erinnert mich

an das Nirgendwo

ein Gefühl

das mir nicht allein gehört

erzählt

ganz leise noch davon

die Sonne

schmilzt den Schmerz

und der Horizont

verfärbt sich rot

Bleibe ich in meiner Welt

lerne ich dann noch

gehe ich in deine Welt

verstehe ich dich doch

eine Ahnung

streift mich ganz leise

jeder lernt

auf seine Weise

Gehalten

an einem Faden

der rot durch das Leben zieht

der Anfang

einbetoniert

das Ende offen

leicht beweglich

durchbricht er Barrieren

friedvoll

begrüßt er das Grün

wie das Leben so spielt

Ich wünsche mir eine Welt

bunt

wie ein Blumenstrauß

der jedoch

nie verwelkt

der die Gemüter

hell singen lässt

die Herzen

lieben

wo alle Menschen

sich verstehen

keine Angst mehr wohnen wird

nur der Mut

zu Hause ist

weil die Liebe Einzug hält

Wir leuchten

Wege hell

die wir beschreiten

sind geführt

in allen Zeiten

erkennen uns

in Manchem wieder

der die Gefühle sprechen lässt

und aus der Seelenmitte tief

fühlen wir die Liebe

es sind so viele die wir sind

Seine Sehnsucht

ist nicht von dieser Welt

und doch wartet jemand

bis sein Wille fällt

die Wahrheit

fühlt er lange schon

und doch

schob er sie vor sich her

sein Weg

direkt vor ihm

einprogrammiert vor langer Zeit

Liebe

Drehen sich auch die Winde

Richtungswechsel

nicht für mich

mein Weg

ist immer nur der eine

mein Herz

hat doch längst gewählt

Straßen hell

Laternenfest

viele Menschen begegnen sich

erzählen

vom Hier und Jetzt

lassen sein

was einmal war

lautes Lachen

wunderbar

bis der Morgen

rot erwacht

nutzen sie

die helle Nacht

Herzenstief

und Seelenweit

Freiheit

ist nicht mehr die Antwort

die Frage ist

ist es Liebe

Fehler beheben

fühlen

was Wahrheit ist

uns im anderen verlieren

sich wiederfinden

alles auf Anfang

nur anders eben

Vergebung

wird uns führen zueinander hin

alles ist gut

Er zaubert eine Sinfonie

malt bunte Bilder der Gefühle

spielt auf dem Klavier

erzählt Geschichten

der Welt dazu

wie lange schon spielt er so

Jahr um Jahr

und er fühlt die Wahrheit

er hat nur eine Liebe

die Musik

ist es nicht

Wolken

ziehen mit dem Wind

erzählen hell und dunkel

weinen sie

so tanzt sie in ihrem Regen

wo hat sie das gelernt

Sternenlichter

unzählig viele

zählen

konnte ich sie nie

zu viel Liebe

unter ihnen

zu viel Gefühl

tief in mir

Du

standest hinter mir

ich

erkannte mich im Spiegel

sah deine Augen

die viel erzählten

sie strahlten in meiner Nähe
Sonnenhell

deine Hände bei dir ganz still

doch unsere Herzen wild

was ist das

mit der einen Seele

du kamst näher

ich

erkannte dich im Spiegel

sah deine Augen

die viel erzählten

dein Universum

wo liegt das noch einmal

deine Blicke ganz still bei mir

doch unsere Herzen wild

was ist das

mit der einen Seele

du bist mir so nah

ich

erkenne uns im Spiegel

unsere Augen

die erzählen so viel

unsere Münder

schweigen nicht mehr

unsere Herzen noch immer wild

du bleibst da

das ist das

mit der einen Seele

wie schön das sein kann

wunderbar

Nie wieder

die Erinnerung bemühen

die Veränderung begrüßen

das ist eine Möglichkeit

zum Wachsen

Die Schatten

spielten einst

doch der Zauber der Liebe

entführte sie

weit weg von allem

liegen sie brach

das Licht

in seiner Schönheit

lange schon am leuchten

fand seinen Weg und blieb da

schenkte ihnen einen Traum

er wurde

für beide wahr

Es sind die jungen Gedanken

Glitzerstaub überall

sie funkeln

nicht nur Nächte hell

sie kreisen nicht mehr

unaufhörlich

sie schweben sanft

in das Gefühl

wandeln auf gesunder Spur

Es waren eure Fehler

unsere Rücken trugen schwer

doch Stärke

haben wir bewiesen

erhoben uns im kalten Sein

hauchten Liebe aus und ein

blieben nicht für immer

wir fühlten Angst

bewiesen Mut

doch heute nun

fühlen wir

die Liebe hat gewonnen

Verstecke dich doch nicht

spreche

über das was du fühlst

mach es gut

und du wirst erkennen

sie werden dich nicht mehr

vergessen können

lasse die Lügen verkümmern

sie weisen dir nicht den Weg

und ich weiß diesen gibt es

es wird leichter für dich sein

lebst du die Wahrheit

Ich lies mich einfangen

für die Liebe

fliege nicht mehr davon

auf alten Wegen

habe ich nichts mehr suchen

bunte Blumen

auf alten Beton

Wenn wir

vergessen würden

was der Andere

uns bedeutet

wer wären wir dann

einsame Egoisten

die wandern

Jemanden wie ihn

konnte sie nicht

be-greifen

Gefühle rangen

mit dem Glücksgefühl

In der Tiefe meines Herzens

spüre ich ein Du

es regt sich manchmal

einfach so

erzählt mir noch dazu

es sitzt bequem und ab und zu

da steht es auch einmal auf

es rüttelt mich

und legt sich wieder

in die Tiefe die ich spüre

in der Tiefe meines Herzens

spüre ich ein Du

und manchmal

wenn ich Ruhe finde

da höre ich ihm zu

so tief hinein in meine Stille

tauche ich ab und zu

ja

manchmal sollte ich

das öfter tun

es lehrt mich etwas

dieses Du

in der Tiefe meines Herzens

spüre ich ein Du

ich fühle langsam

das es sich freut

über das

was ich so tu

ganz aufgeregt

nehme ich es wahr

ganz tief in meinem Herzen

so spüre ich

Ich war einmal

mein Herz befreit

von alten Leid

die Seele lächelt nun dazu

in der Tiefe meines Herzens

spüre ich die Liebe

du allein trägst Schuld daran

und wenn ich dann

so an dich denke

dann fühle ich in mir

Schmetterlinge fliegen wild

ich möchte so gern zu dir

und das Gefühl

das ich jetzt fühle

ist nicht von dieser Welt

es ist so groß

so scheint es mir

doch fühle ich auch

das es dir gefällt

Liebe

Wovor

hatte er nur Angst

wo war sein Mut geblieben

er liebte

noch nie einen Menschen

der jemals zu ihm gehörte

warum

lief er nur davon

die Liebe

kann doch kein Zeichen setzen

wenn er ständig

in Bewegung ist

Der Schrei der Vergangenheit
verhallte

im Nirgendwo aufgelöst

die Sehnsucht

die nach Nähe suchte

verpackt in Geschenkpapier

doch wehe

einer von ihnen packte sie aus

Erinnerungsgeschrei

Bilder

die er zeigte

fanden ihren Weg

doch sie blieben nicht

zu kurz gedacht

in langer Zeit

Was ihr niemand nehmen kann

die Liebe tief in ihr

sie erzählt so lange schon

spricht von dem einen

den sie nur liebt

dem sie sich schenkt

Tag für Tag

mit dem sie teilt

alles was war

und die Liebe

wird mehr und mehr

Auf dem Grund

der Nebelbänke

umhüllt

vom Tau des Morgens

erweckt

durch das kühle Nass

erhebt sich

hin zum Sonnenlicht

das Grüne Band der Erde

In einem Augenblick

nur

gefunden

alles Leben

was glücklich macht

Mut

am Straßenrand gekauft

ohne Garantie

das es hält

doch

die Gefühle

erzählen es anders

Würde sein Mund

von Liebe sprechen

sie hätte Klebstoff

an ihren Lippen

würde er sie einmal umarmen

sie hätte sich niemals

daraus gelöst

Wege verliefen quer

sie fühlte

er würde es nie sein

Seine Augen

sprachen Worte der Seele

sein Herz

berührte das ihre

sie fragte nicht viel

lies es geschehen

Gedanken

schlossen ihre Pforten

Berührungen

lösten aus

was sie sich immer wünschten

Liebe

Der Wind

lockte den strahlend

weißen Vorhang hinaus

wir drehten auf

liesen uns ein auf das Leben

sprachen ehrlich

über das

was unser Leben

lebenswerter macht

ein Lachen

in unseren Gesichtern

ehrlich

ehrlich

das ist so schön

und es wird bleiben

Es gibt einen Weg

einen

den du beschreiten wirst

allein

das entscheidest du

du wirst sehen

was du noch nie gesehen

du wirst fühlen

was du noch nie gefühlt

vielleicht

schaust du auch einmal zurück

doch glaube an dich

und deinen Weg

er wartet doch

schon so lang auf dich

beherbergt dich

und deine Gefühle immer wieder

deine Zweifel werden weichen
mit jedem Schritt weiter

es gibt Plätze

an diesem Weg zum Ausruhen

bevor du ihn weiter gehst

du darfst

Revue passieren lassen

was geschah

und träumen darfst du

von deinem Weg

lass dich führen

wenn du fühlst

du brauchst Führung

lass dich allein ein

wenn du fühlst

du schaffst es auch so

sei mutig

und geh auf deinem Weg

den nur du gehen darfst

Alkohol

ist absolut keine Lösung

er schafft erst welche

dein Problem

ist morgen wieder da

dröhnst du dir auch heute

den Kopf zu

morgen

ist alles wieder zurück

Nicht

eine Minute glaubte sie ihm

auch irgendetwas

keine Sekunde lang

dachte sie das wäre wahr

stundenlang

sprach sie über das

was sie zweifeln lies

Tage

verbrachte sie mit Gedanken

an ihn

Monate später

war ihr immer noch klar

da stimmt etwas nicht

selbst nach Jahren

war es noch so

wann versteht er das nur

Sprich mit ihr über Liebe

erzähle ihr von dir

lass sie fühlen

was du noch nicht getan

frage sie auch danach

Atemzüge spüren

auf nackter Haut

Augen strahlen schön

ihre Seele versteht

ihre Hände berühren nicht

was sie gewollt

sprich mit ihr über die Liebe

erzähle ihr von dir

sein Herz in ihren Augen

ihre Augen strahlen

und seine Seele versteht

sprich mit ihr über die Liebe

was wird geschehen

ihr Herz

hat noch so viele Fragen

nur du kannst sie verstehen

sie sprachen über die Liebe

erkannten sich dabei

fanden sich schön wie sie waren

doch nun

fühlen sie sich schöner denn je

fühlen wie sie gewachsen

an einem Gefühl

Liebe

Auf deiner Reise zu dir Selbst

bist du nicht ganz allein

du fühlst die Liebe tief in dir

sie führt dich auf deinem Weg

allein

das war einmal

nun bist du Liebe

Im Schlaf geträumt

andere waren besser als du

Gefühle

schränkten dich ein

höre auf mit diesem Traum

sie kamen nicht

auf selben Wegen

lerne zu erkennen

ein jeder tut das seine

auf seinem eigenen Weg

du wirst niemals

einen anderen überholen

ein anderer

ist niemals schneller als du

hast du das einmal verstanden

wirst du sicher glücklicher leben

Frage jemanden

dem du traust

bleib jedoch bei dir

verbiege dich nicht

für andere so

schenke dir einen Kompromiss
wenn es sich lohnt

achte auf das

was dir begegnet

im Lauten und im Stillen

manchmal

wirst du vielleicht

erstaunt darüber sein

das eine Antwort

dich so erreicht

auf einer deiner Fragen

Bist du traurig

weil es gerade etwas schwer ist

lehne dich an

ich halte dich schon

fragst du dich

wie lange werde ich noch da sein

so sei gewiss

so lange du

Halt brauchen kannst

bist du glücklich

weil es an der Zeit ist

freue ich mich für dich

Es war einst

das Laute das zerbrach

die Stille ganz sanft

bricht das Schweigen

doch in seiner Bahn

erzählen zweistimmig

immer noch kein Plan

aber glücklich

Es war das

was es war
eine wild Wasserfahrt

ein Chaos vor dem Herrn

und dann auch mal Langeweile

auf einem langen Fluss
das in einer Schleife

die endlos schien

bis ich das Ufer entdeckte

das für mich bestimmt war

ich sprang hinaus

und entdeckte mich

und das es Freiheit nicht gibt
denn das

was andere glauben

was Freiheit ist
ist ein schöner Traum
eine Illusion
es ist

was es ist
eine wild Wasserfahrt

eine Unordnung

im geordnet sein

und dann auch mal

eine ruhig gewollte Fahrt

auf meinem Fluss

Sturmkinder

sie lernen vom Wind

spielen in ihm und werden groß

fühlen

was sie wirklich brauchen

und das Leben

es weht es ihnen vor die Füße

lachen sich an

und toben sich aus

bis die Zeit gekommen ist

Liebe

Traumfängerin

deine Seele

erzählte Geschichten

führte dich hinaus

aus dem Schatten

hin zum Licht

Wege die du verlassen

sind heute nicht mehr wichtig
für dich

Harmonie

in deiner Bewegung

dein Netz

ist frei und schwingt

hell am Fenster

Von Marion Jana Goeritz ebenfalls beim Verlag BoD erschienen (BoD Books on Demand, Norderstedt, nähere Informationen finden Sie unter www.BoD.de)

„Liebe für die Seele Band 1"
ISBN 978-3-7357-4045-8

„Liebe für die Seele Band 2"
ISBN 978-3-7357-7734-8

„Seelenweiß"
ISBN 978-3-7347-5769-3

„Seelen essen Liebe gern"
ISBN 978-3-7347-8706-5

„SeelenEngel" ein spiritueller Erfahrungsbericht
ISBN 978-3-7386-2588-2

„SeelenSchlüssel"
ISBH 978-3-7386-3844-8

„Seelenfarben"
ISBN 978-3-7386-3947-6

„Seelenschimmer"
ISBN 978-3-7386-4014-4

„Seelenfinden"
ISBN 978-3-7386-4037-3

„Ein Gefühl meiner Seele"
ISBN 978-3-7386-1506-7

„Seelenfrieden" Danken, Bitten, Ent-
spannung ein persönlicher Erfahrungs-
bericht
ISBN: 978-3-7386-4884-3

„Seelenweihnacht"
ISBN: 978-3-7386-5616-9

„Im Land unter dem Regenbogen"
Wunderbare Märchen und unglaubli-
che Geschichten
ISBN: 978-3-7392-0115-3

„Freddy und seine Geschichten"
ISBN: 978-3-7386-3321-4

„SeelenWorte"
ISBN: 978-3-7392-0455-0

„Herzanker"
ISBN: 978-3-7392-3482-3

„Im Fluss der Liebe"
ISBN: 978-3-7392-3489-2

„Seelenklänge"
ISBN: 978-3-7392-3532-5

„Liebeslied"
ISBN: 978-3-7392-3548-6

„Wahre Traumtänzerin"
ISBN: 978-3-7392-3556-1

„Emilia Sommerfeld"
ISBN: 978-3-7392-3787-9

„Für mich war es Liebe"
ISBN: 978-3-8423-5362-6

„Kaleidoskop"
ISBN: 978-3-8423-5738-9

„Die verzauberte Wiese"
ISBN: 978-3-7412-0772-3

„Seelenbrücke"
ISBN: 978-3-7412-0890-4

„Wetterleuchten“
ISBN: 978-3-7412-2740-0

„Zentrifuge“
ISBN: 978-3-7412-4011-9

„Für Dich“
ISBN: 978-3-7412-4018-8

„Hannos Geschichten“
ISBN: 978-3-7412-9373-3

„Das Eulenherz“
ISBN: 978-3-7431-0009-1

„Eine Reise irgendwo hin“
ISBH: 978-3-7421-0042-8

„Ist das wirklich wahr?“
ISBN: 978-3-7431-1549-1

„Stille Momente“
ISBN: 978-3-7431-1586-6

„Engelszwirn"
ISBN: 978-3-7431-1594-1

„Anders"
ISBN: 978-3-7448-3582-4

„Wenn es spricht"
ISBN: 978-3-7448-3583-1

„Jonas und die Himmelsleiter"
ISBN: 978-3-7448-5452-8

„Farbenregen"
ISBN: 978-3-7448-5453-5

„Wellenfarbe"
ISBN: 978-3-7448-7311-6

Blanchefleur
ISBN: 978-3-7448-7415-1

„Winterzauber"
ISBN: 978-3-7448-9885-0

„Seele was denkst du dir?"

ISBN: 978-3-7448-9937-6

Weitere Informationen zu Neuerscheinungen finden Sie immer auf meiner Seite

www.buchkaleidoskop.Reikipraxis-Goe-
ritz.de